JAMES VLAHOS

TOD IM PARADIES

DAS GEHEIMNIS EINES SÜDSEE-MORDES

Aus dem Englischen von Monika Baark

TRUE TALES

DUMONT

FSC
www.fsc.org
MIX
Papier aus verantwortungsvollen Quellen
FSC® C002795

DuMont TRUE TALES

1. Auflage 2017

Umschlag- und Reihengestaltung: ZERO Werbeagentur, München
Karte im Nachsatz: Gerald Konopik, DuMont Reisekartografie
Umschlagfoto: getty images / Luis Davilla
Autorenfoto: Barbara Butkus Photography
Fotos Innenteil: Heike Dorsch (Seiten 6, 10, 18, 28, Vorsatz),
Dmitri Alexander (S. 14/15, 35, 36, 38, 40, 43, 46, 48, 60)

Printed in Europe
ISBN: 978-3-7701-6975-7

www.dumontreise.de

DUMONT

INHALT

ANKUNFT IM PARADIES

Wenn Heike Dorsch an jenen letzten Sommer denkt, sieht sie die Farbe Blau. Den Ozean, das Auf und Ab der Wellen, als sie und ihr Freund, Stefan Ramin, von den Galapagosinseln aus südwestwärts segelten. Den wolkenlosen Himmel, während die beiden Deutschen auf dem Vorderdeck ihres Katamarans *Baju* in der Sonne badeten, die Gischt auf der gebräunten Haut. Heike war in einem Glücksrausch, als die beiden nach mehr als dreijähriger Weltumsegelung ihre längste und reibungsloseste Überfahrt machten. Der Südpazifik hatte keine Stürme entfesselt, anders als das Mittelmeer. Es gab keine Piraten, anders als in der Karibik. Die *Baju* hatte ein

Alarmgerät an Bord, das ein Signal aussenden sollte, sobald sich ein anderes Schiff auf 30 Seemeilen näherte, doch während der gesamten Überfahrt von den Galapagosinseln war das Gerät kein einziges Mal losgegangen.

Am 30. August 2011, nach 17 aufeinanderfolgenden Tagen auf See, hörte Heike, wie Stefan rief: »Da drüben, Land!« Fatu Hiva, eine der Marquesasinseln Französisch-Polynesiens, ragte aus dem Ozean wie eine filmische Halluzination von Peter Jackson. Wellen umspülten die palmengesäumte Inselküste. Teils nebelumhüllte Basaltformationen ragten Hunderte von Metern in den Himmel. Ja, es war ein Klischee, aber Heike konnte nicht umhin zu denken, dass sie und ihr Freund das Paradies gefunden hatten. Ein Foto, kurz nach der Ankunft aufgenommen, zeigt das lächelnde Paar Seite an Seite mit zerzaustem, sonnengebleichtem Haar. Heike, 37, schlank und heiter in einem flatternden weißen Top; Stefan, 40, kernig und muskulös, mit kantigem Unterkiefer. Allem Anschein nach sind die beiden auf dem Gipfel der Zufriedenheit, wie ihn nur

Menschen erreichen, die die Wirklichkeit schattenwerfender Hochhäuser gegen ein vagabundierendes Leben an der salzigen Luft eingetauscht haben.

Die Marquesasinseln sind kein typisches Postkarten-Paradies. Die 15 bergigen Inseln haben knapp 10.000 Einwohner und bieten weder Hotelanlagen mit Überwasser-Bungalows noch Lagunen mit stahlblauem Wasser. Heike und Stefan waren aber auch gar nicht auf der Suche nach solchen Extravaganzen. Ihre ganze Fahrt stand im Zeichen einer Vorstellung vom Paradies, wie sie Leute haben, die sich weniger als Touristen denn als Reisende verstehen. Sie waren vor allem auf der Suche nach authentischen kulturellen Erfahrungen. Sie hatten wenig übrig für vorgefertigte Massentourismus-Erlebnisse. Sie wollten Menschen begegnen und sie kennenlernen, die typische Mauer zwischen Touristen und Einheimischen niederreißen und Freundschaften schließen. Als Schauplatz für diese Gesinnung waren die Marquesasinseln besser als alle anderen Flecken Erde, an denen das Paar gewesen

war. Sie gingen Speerfischen, spielten Volleyball und saßen mit den Insulanern am Strandlagerfeuer. Sie ließen sich im Trommeln unterrichten und wurden zu privaten Festmahlen eingeladen.

»Wir hatten das Gefühl: ›Das ist es‹, erzählte mir Heike später. »Das war der Grund für unsere Weltumsegelung.«

Sechs Wochen blieben Heike und Stefan schließlich auf der Insel, doppelt so lange wie ursprünglich geplant. An dem Tag, der ihr vorletzter sein sollte, segelten sie nach Hakatea, einer hufeisenförmigen Bucht auf der Marquesasinsel Nuku Hiva. Als sie vor Anker gingen, waren weder Menschen noch andere Boote in Sicht, nur ein palmengesäumter goldener Sandstrand. Sie entdeckten einen Pfad am Strand entlang, zogen in westliche Richtung los und überquerten eine schmale Halbinsel.

Eine Viertelstunde später erreichten sie Hakaui, eine Ansiedlung, die aus gut einem halben Dutzend Häusern mit pastellfarbenen Sperrholzwänden, Wellblechdächern und Fensteröffnungen mit windbewegten Vorhängen bestand. Das Dörfchen wirkte verlassen. Dann aber stießen Heike und Stefan inmitten der unbefestigen Straße auf einen Mann neben einem Pferd. Es war ein schwüler Tag, und der Mann stand mit nacktem Oberkörper da. Er war gebaut wie ein Footballspieler – massig, tätowiert, über eins achtzig groß –, für marquesische Männer keine ungewöhnliche Statur. Auf Heike wirkte er »total normal«.

Spontan Urteile zu fällen war essenziell für das Paar, das auf seiner Reise ununterbrochen neuen Menschen begegnete – Dutzenden pro Woche, Hunderten pro Jahr. Als erfahrene mehrsprachige Reisende konnten sie Menschen besser kennenlernen als der durchschnittliche Kreuzfahrttourist. Sich in das Leben von Fremden einzuladen setzte das Paar jedoch auch Gefahren aus in jener unsichtbaren Kluft zwischen Besuchern und Besuchten. Die Marquesasinseln haben eine komplizierte Geschichte, die Neuankömmlinge nur oberflächlich verstehen konnten, und der Mann neben dem Pferd hatte ernsthafte Probleme, die er nicht erkennen zu lassen gedachte.

»Der Mann, der unsere Weltumsegelung in einen Albtraum verwandeln sollte«, wie Heike ihn mir später beschreiben sollte, lächelte und stellte sich als Arihano Haiti vor.

Heike und Stefan waren kaum die ersten Fremden, die es vom Meer auf die Inseln von Französisch-Polynesien verschlug – dorthin, wo der Begriff vom Paradies als realem Ort überhaupt erst erfunden wurde. In den vielgelesenen Berichten europäischer Entdeckungsreisender werden üppig bewachsene Inseln geschildert und die Idee des edlen Wilden ins Leben gerufen – ewig fröhlich, sexuell ungehemmt und frei von gesellschaftlichen Restriktionen. Vor allem der Marquesas-Archipel hat Paradiessucher immer magisch angezogen.

Paul Gauguin, Robert Louis Stevenson und Thor Heyerdahl haben sich alle bei ihren längeren Aufenthalten dort zu künstlerischen Werken inspirieren lassen; die vierte Staffel der Fernsehserie *Survivor* spielte auf Nuku Hiva.

Doch so traumhaft sie sein mögen – die Marquesas genossen bereits unter frühen Besuchern den Ruf als bittersüßes Paradies. Edward Robarts, ein englischer Schiffbrüchiger im 19. Jahrhundert, schrieb: »Die Insulaner locken einen mit ihren jungen Frauen, die einen vom Strand weg und ins Gebüsch führen. Dort

wird man umgebracht, und sie erbeuten das Boot.« Die marquesischen Krieger waren gefürchtet und galten als die raubgierigsten Kannibalen des Südpazifik. In seiner halbfiktionalen Erzählung *Taipi* schildert Herman Melville, wie er von seinem Walfänger desertiert und sich in die Berge von Nuku Hiva flüchtet, wo er von einem Stamm aufgenommen wird, dessen Mitglieder eine »tief verwurzelte Vorliebe für Menschenfleisch« haben.

Laut vielen zeitgenössischen Historikern war der Kannibalismus auf den Marquesasinseln eine eher seltene Form von rituellem Menschenopfer und im 20. Jahrhundert lange ausgestorben. Heike und Stefan wussten das; mit subtileren, schlimmeren Gefahren hatten sie jedoch nicht gerechnet. Wie alle Reisenden jagten sie dem Bunten, Unvertrauten und Aufregenden nach, und ihre Sicht auf die Wirklichkeit war positiv gefärbt. Ausländer sind die Stars ihrer eigenen Wanderschaftsdramen, immer in Bewegung; Einheimische sind Nebenfiguren, die passiv an ihrem Platz auf eine neue Runde Paradiessucher warten. »Wenn ihr nicht wisst, wo die Marquesasinseln liegen, keine Sorge«, postete Stefan kurz nach seiner Ankunft auf Facebook. »Zeigt einfach mit dem Finger auf den Pazifik, wo ringsum nichts als Wasser ist, und genau da bin ich.«

ENDE EINER JAGD

Nachdem sie mit Arihano, dem Einheimischen neben dem Pferd, Bekanntschaft geschlossen hatten, sahen Heike und Stefan ihn am Tag darauf im selben Dorf wieder. Es war Sonntag, der 9. Oktober 2011, um die Mittagszeit. Sie kamen gerade zurück von einer langen Wanderung zum Vaipo-Wasserfall, der aus 350 Metern Höhe in die Tiefe des Hakaui-Tals stürzt. Das Paar plante, am nächsten Morgen mit seinem Segelboot die Marquesasinseln zu verlassen, doch Stefan hatte eine Idee für eine letzte Aktivität: Er bat Arihano, ihn auf Ziegenjagd mitzunehmen, ein »Nationalsport« der Insulaner. Arihano willigte ein. Wie sich Heike erinnert, erwiderte er dabei auf Stefans Frage, ob dieser sein Gewehr aus der *Baju* mitbringen solle, das sei unnötig.

Wenige Stunden später stand Arihano am Strand und stieß in Richtung der *Baju* einen lauten Pfiff aus, und er und Stefan zogen los. Vom Boot aus sah Heike, wie die Männer mit ihren Rucksäcken im Urwald verschwanden.

Die vierstündige Wanderung am Morgen zum Vaipo-Wasserfall wäre für einen normalen Menschen eigentlich anstrengend genug gewesen, aber Stefan war alles andere als normal. Er strotzte unablässig vor Energie und ließ keine Gelegenheit aus, ein Abenteuer zu erleben; als begnadeter Geschichtenerzähler sammelte er leidenschaftlich gern Material für immer neues Seemannsgarn. Seitdem das Paar auf den Inseln war, hatte Stefan bereits zweimal versucht, auf Ziegenjagd zu gehen. Beim ersten Mal war der Fremdenführer nicht aufgetaucht, beim zweiten Mal klemmte dessen Gewehr. Jetzt unternahm Stefan den dritten Anlauf, um auch diesen Punkt auf seiner Liste abhaken zu können. Während Heike an Bord ihren Kaffee trank, musste sie an einen von Stefans Lieblingssprüchen denken: Schlafen kannst du, wenn du tot bist.

Die Stunden vergingen.

Heikes Version des Geschehens sieht folgendermaßen aus: Gegen 18 Uhr hörte sie unweit der *Baju* eine Stimme aus der Dunkelheit. Es war Arihano in der Jolle, er war allein und rief ihren Namen. Die Kommunikation war schwierig – Arihano sprach Französisch und ein paar Brocken Englisch, Heike fließend Englisch, aber kaum Französisch.

»Wo ist Stefan?«, fragte sie.

»Verletzt … Unfall … Wald«, erwiderte er.

Heike sprang in die Jolle. Sie und Arihano erreichten den Strand und rannten in den Urwald. Arihano ging voran, sie liefen zumeist schweigend vor sich hin, während Heike immer nervöser wurde. Nach fünfzehn Minuten verlor sich der Pfad. Heike sah Arihano verzweifelt an.

»Wo ist Stefan?«, fragte sie.

»Ich weiß nicht mehr, wo ich ihn abgelegt habe«, erwiderte Arihano.

Heike explodierte. »Du weißt das nicht mehr? Du Idiot! Das kann doch nicht sein! Ich hole Hilfe.«

Sie drehte sich um und rannte zurück über den Pfad, wobei sie immer wieder »Stefan! Stefan!« rief. Doch aus dem dunklen Urwald ringsum kam keine Antwort.

Ein paar Minuten später blieb sie stehen. Der Weg unter ihren Füßen war nur noch schemenhaft zu erkennen. Mit wild klopfendem Herzen stand sie da, und dann merkte sie, dass sie nicht allein war. Sie fuhr herum und blickte in den Lauf eines Gewehrs, das Arihano auf ihren Kopf gerichtet hatte.

Er sah ihr in die Augen und sagte: »Du stirbst jetzt.«

Heike rief »Nein!« und packte mit ihrer linken Hand den Gewehrlauf. Die beiden rangen miteinander und gingen zu Boden, sie landete mit dem Gesicht zur Erde und Arihano auf ihrem Rücken. Er griff in ihre langen blonden Haare und knallte ihren Kopf gegen den Waldboden. Heike schaffte es, mit der rechten Hand an den Abzug des Gewehrs zu kommen. Doch das Gewehr war gesichert. Arihano begann sie zu würgen. Sie spürte den nahenden Tod, und auf einmal verließ sie der Kampfgeist. »Ich habe mein Leben gelebt, ich habe meinen Traum gelebt, also gut, okay«, dachte sie. Doch da ließ Arihano ihren Hals los, und sie konnte nach Luft schnappen.

Heike merkte, wie Arihanos Hände unter ihr Oberteil und nach ihren Brüsten griffen. Sie roch seinen heißen rauchigen Atem. Dann spürte sie, wie er sich gegen sie presste und zum Orgasmus kam.

Inzwischen ging Heikes Atem so schnell, dass ihr schwindlig war und sie das Gefühl hatte, im nächsten Moment bewusstlos zu werden. Arihano wurde seltsam sanft. »Tief durchatmen«, sagte er. Er hielt ihr eine Flasche Wasser an die Lippen und drängte sie zu trinken. Heikes Körper wurde ruhiger und sie versuchte, auf Arihano einzureden. »Du bist ein guter Mann«, sagte sie. »Du bist nicht so. Wenn du Geld haben willst, geh auf unser Boot. Auf dem Boot ist ganz viel Geld.« Arihano reagierte nicht. Stattdessen befahl er ihr, sich mit dem Rücken an einen Baum zu setzen. Er fesselte sie mit dem Hals an den Baumstamm und band ihre Arme dahinter zusammen. Heike wurde wieder panisch, sie war überzeugt, dass er sie mit seiner Machete enthaupten werde. Am liebsten hätte sie die Sache selbst erledigt. »Ich habe immer wieder gedacht: Wie schaffe ich es, mich umzubringen? Ich halte das nicht mehr aus, nicht zu wissen, was in der nächsten Sekunde passiert.«

Doch Arihano schwang nicht die Machete. Stattdessen stopfte er ihr ein rußiges T-Shirt in den Mund und stakste auf dem Pfad in Richtung Strand davon.

Sobald Arihano weg war, begann Heike am Seil zu zerren. Ein voller Mond war über der Insel aufgegangen, doch unter dem dichten Blätterdach des Urwalds konnte sie kaum etwas sehen. Plötzlich war Arihano wieder da, brüllte ihr ins Gesicht und drohte anhand von Gesten, ihr die Kehle durchzuschneiden. Nachdem er die Seile fester gezogen hatte, ging Arihano erneut davon.

Diesmal wartete Heike ein paar Minuten. Dann wand sie sich hin und her, befreite ihre rechte Hand und schaffte es, sich loszumachen.

Sie lief ein paar Schritte. Trockene Zweige knackten unter ihren Füßen wie Knallkörper. Entsetzt blieb sie stehen und fragte sich, ob sie sich verstecken sollte. Dann sah sie den Lichtkegel einer Taschenlampe, der sich zuckend durch die Bäume auf sie zubewegte: Arihano war zurück. Heike rannte los. Zweige rissen ihr die Haut auf. Sie verlor erst einen Schuh, dann den anderen. Dornen spießten sich in ihre Fußsohlen. »Das war's, das ist das Ende«, dachte sie.

Gerade als Arihano sie fast eingeholt zu haben schien, roch Heike den Duft von Zitrusfrüchten und wusste, dass die Bucht vor ihr lag – am Vortag hatten sie und Stefan Limetten von den Büschen am Rand des Urwalds gepflückt. Heike erreichte den in Mondlicht getauchten Strand und stürzte sich in die Brandung. Unweit des Ufers dümpelte die *Baju* im silbrigen Wasser, aber Heike befürchtete, dass auch Arihano das Boot ansteuern würde. Ein zweites Segelboot war an jenem Nachmittag in der Bucht vor Anker gegangen, die *Aquamante*, und Heike und Stefan hatten sich mit den Besitzern angefreundet. Sie beschloss dorthin zu schwimmen, doch die Entfernung war größer als gedacht. Sie hatte Angst, mit ihren blutigen Füßen die zahlreichen Haifische der Bucht anzulocken. Ihre Kräfte ließen nach und sie fürchtete zu ertrinken. Doch nur wenig später rief jemand ihren Namen. Die Stimme kam von dem anderen Boot. Heike kletterte an Bord und war endlich in Sicherheit.

Zwei Stunden später trafen die per Satellitentelefon verständigten Gendarmen ein und suchten die ganze Nacht den Urwald ab, ohne Arihano oder Stefan zu finden. Sie suchten den ganzen nächsten Tag, ebenso den darauffolgenden. Am Mittwoch wurde Heike auf die Polizeistation in Taiohae bestellt, dem größten Ort auf Nuku Hiva. Als sie dort eintraf, herrschte Stille. Die Gendarmen waren aufgestanden, und noch bevor jemand sprach, wusste Heike, dass die Neuigkeiten bitter sein würden. Wir haben ein Lagerfeuer gefunden, das drei Mal größer ist als das eines Jägers, sagten sie zu ihr. In der Asche befinden sich menschliche Überreste, und wir glauben, dass es Stefans sind.

G 0403
POLICE

DIE REKONSTRUKTION

Im Herbst 2012, ein knappes Jahr nach Stefan Ramins Tod, trat eine Tourismusbehörde mit der Frage an mich heran, ob ich nicht Lust hätte, eine Tour mit mehreren Stationen durch Französisch-Polynesien zu machen. Das Gebiet besteht aus über einhundert Inseln, die über 3000 Kilometer Südpazifik verteilt sind, und ich sollte ein halbes Dutzend davon für einen Besuch auswählen. Ich entschied mich für eine Route mit bekannten Zielen wie den Flitterwocheninseln Moorea und Bora Bora. Doch als Reisejournalist, der das Magazin *National Geographic Adventure* mit ins Leben gerufen hatte, zogen mich auch die schroffen und einsamen Marquesasinseln magisch an.

Die Tourismusbehörde konnte mir zwar nichts in die Feder diktieren, aber natürlich war es ihre Hoffnung, dass die Berichterstattung positiv ausfallen würde: begeisterte Reisebeschreibungen, die die Leser an die Computer eilen ließen, um Flüge zu buchen. Doch als ich mit der Recherche über die Marquesasinseln begann, stieß ich bald schon auf Dutzende düster gefärbter Reportagen. Die internationale Presse hatte von dem Mord an Stefan Ramin erfahren und allzu verlockende Schlüsse gezogen: URLAUBS-HORROR AUF DER KANNIBALEN-INSEL titelte Deutschlands bekanntestes Boulevardblatt. Ähnliche Artikel erschienen in Zeitungen auf der ganzen Welt, von der New York Post bis hin zum New Zealand Herald. In einem Stil, der eher an das Jahr 1811 erinnerte als an 2011, fasste die britische Sun zusammen: »Befürchtet wird seit gestern Abend, dass der Abenteurer, der mit seiner Freundin auf einer entlegenen Pazifikinsel gelandet war, von Einheimischen verspeist wurde.«

Chefankläger José Thorel bemühte sich, die Berichte als Unsinn abzutun. »Die Kannibalen-Theorie hat in unserer Untersuchung keinen Platz«, betonte er gegenüber der Presse. Dennoch waren die Anschuldigungen Gift für die Französisch-Polynesier. Sie lieferten ihnen den Beweis, dass das Ausland noch immer an jahrhundertealten Stereotypen festhielt. Die Berichterstattung hob einen Vorfall, der vielleicht sonst als tragische Ausnahme betrachtet worden wäre, in den Rang der Volksbeleidigung, wobei die Insulaner, geeint durch das Gefühl der Anfeindungen von außen, sich mit Arihano trotz deutlicher Hinweise auf seine Schuld solidarisch fühlten.

Als ich 2012 zum ersten Mal nach Nuku Hiva flog, lag die Absurdität des Kannibalismus-Vorwurfs auf der Hand. Klar, die Insel war entlegen, aber die Menschen liefen dort nicht mit Kriegsbemalung und Wurfspeeren durch die Gegend. In der Stadt Taiohae gab es Häuser und gepflasterte Straßen; die Bewohner konnten Croissants kaufen und im Internet surfen.

Doch die Frage nach Arihanos Motiv ließ mir keine Ruhe. Weder Arihano noch Stefan waren vorbestraft. Bei keinem der beiden wurde jemals eine psychische Krankheit diagnostiziert. Sie hatten sich kaum 48 Stunden gekannt. Arihano hatte nicht versucht, Stefan oder Heike auszurauben. Was in aller Welt hatte seinen mörderischen Totalausfall ausgelöst?

Im Dezember 2012 – inzwischen hatte meine Rolle vom Reisejournalisten zum Kriminalreporter gewechselt – kehrte ich im Auftrag eines großen amerikanischen Magazins nach Nuku Hiva zurück. Polizei und Rechtsbeamte weigerten sich, zu dem Fall Stellung zu nehmen, doch ich hatte Glück und erfuhr, dass Richard Deane, mein Dolmetscher, direkt gegenüber von Arihanos Elternhaus aufgewachsen war. Offenbar würde ich über einen Mord recherchieren und dabei einen der besten Freunde des Angeklagten als rechte Hand haben.

Arihano war der einzige lebende Mensch, der erklären konnte, warum er Stefan getötet hatte, doch der Marquesaner hatte sich nach seiner Tat sieben Wochen lang der Verhaftung entzogen. Während eine französische Eliteeinheit Jagd auf ihn machte, wuchs sein Mythos. Wie es ihm gelang, den Suchtrupps immer wieder zu entwischen, blieb größtenteils ein Rätsel; zur Zeit meines Aufenthalts waren dazu keinerlei Details bekannt geworden. Deane machte mich mit Ben Pota bekannt, einem Cousin und Jagdgenossen Arihanos, und Pota verriet mir, dass er mit dem flüchtigen Arihano gesprochen habe. Mithilfe Potas und anderer Inselbewohner war ich in der Lage, den Ablauf des Geschehens zu rekonstruieren.

Nachdem Heike entkommen war, hatte Arihano in den Bäumen am Rand des mondbeschienenen Strandes gelauert. Gegenüber Freunden wie Pota behauptete er später, er habe Heike laufen lassen. Als die Zeit gekommen sei, sie zu töten, wäre er körperlich dazu in der Lage gewesen, doch habe er die mentale Kraft nicht aufbringen können. Er sah sie wegschwimmen. Dann begab er sich auf die Flucht.

Arihano kannte sich hervorragend aus auf Nuku Hiva. Für ein Kind, das die Elektrifizierung der Insel miterlebt hatte, fand das Leben im Freien statt. Die Kinder spielten Kriegsspiele, bei denen die Gefährten an feuerumringten Bäumen festgebunden und mit spitzen Pfeilen beschossen wurden. Sie richteten Hahnenkämpfe aus und zogen Fische aus dem Meer. Es war Joseph Teua Haiti, Arihanos Vater, der seinen Sohn an dessen künftige Lieblingsbeschäftigung heranführte: die Jagd. Als Neunjähriger sei Arihano bereits mit ihm auf der Suche nach Wildziegen und Schweinen kreuz und quer über die Insel gezogen, erzählte mir Joseph Haiti. Auch als Erwachsener ging Arihano regelmäßig jagen und besaß somit unschätzbare Kenntnisse für seine Flucht.

Die Insel Nuku Hiva misst nur 336 Quadratkilometer. Aber sie besteht aus einer Vielzahl von Schluchten und bis zu tausend Meter hohen Bergen. Innerhalb weniger Tage nach der Tat schwärmten über zwanzig eigens aus Tahiti eingeflogene Polizeibeamte aus. Die meisten gehörten zu einer Sondereinheit französischer Überseesoldaten, der Groupe des Pelotons d'Intervention. Die Soldaten trugen Gewehre, Uniformen und kugelsichere Westen. »Sie sahen aus, als würden sie in den Krieg ziehen«, sagte Parua Haiti, ein Onkel Arihanos.

Arihano sei, nachdem er Heike zurückgelassen hatte, in östliche Richtung entlang der Küste aufgebrochen und habe sich dann landeinwärts geschlagen, erklärte sein Freund Pota. Arihano sei hinauf in die Tannenwälder des Toovii-Plateaus geklettert und habe sich in der leerstehenden Hütte eines befreundeten Rin-

derhirten namens Calo versteckt. Dreimal sei es den Einheiten gelungen, ihr Zielfernrohr auf Arihano zu richten, erfuhr ich von Frederic Dofré, einem Feuerwehrmann, der auf die ursprünglichen Notrufe von der *Aquamante* reagiert hatte. Einmal habe sich Arihano in einem Fluss versteckt und durch ein Schilfrohr geatmet, während die Soldaten vorbeiliefen, sagte mir sein Vater.

Deane und Pota nahmen mich mit an den Schauplatz einer weiteren Beinahe-Begegnung am nördlichen Rand des Toovii-Plateaus. Nachdem die Soldaten den Hinweis bekommen hatten, dass Arihano dort kampiere, zogen sie frühmorgens los, um ihn zu stellen, aber Arihano sah sie kommen.

Er rannte los, watete durch einen kleinen Fluss und kletterte den Berghang hinauf »wie eine Ziege«, so beschrieb es Calo, der an jenem Tag den Gendarmen als Führer assistierte. Anschließend habe Arihano kehrtgemacht, die Suchtrupps abgehängt und sich in die Terre Déserte im äußersten Nordwesten der Insel geflüchtet, so Pota.

Meist bewegte sich Arihano im Schutz der Dunkelheit. Er ernährte sich von Guaven und baute Ziegenfallen. Doch er suchte auch Hilfe. Rutu Teautoua, ein Freund Arihanos, sagte, er sei auf einem Berghang mit Blick auf Taiohae beim Füttern seiner Tiere gewesen, als er hörte, wie jemand Kieselsteine aufs Dach des Schweinestalls warf. Es war Arihano; er hatte sich in den nahe gelegenen Bäumen versteckt, er war hungrig. Teautoua habe Arihano Suppe, Nudeln und Pastete gebracht. Als Deane mich zu diesem

Versteck führte, sah ich, dass Teautoua nicht der Einzige war, der Essen gespendet hatte: Überall lagen leere Kräckerschachteln, Bohnen- und Corned-Beef-Dosen.

Dass die Inselbewohner einen mutmaßlichen Mörder schützten, verärgerte die Gendarmen. Doch Arihano war nicht irgendwer. Er war ein Haiti, Mitglied einer großen und gut vernetzten Familie. Joseph Haiti ist auf der Insel ein wichtiger Mann innerhalb der einflussreichen katholischen Kirche; Pascale Haiti, Arihanos Cousine, ist die Freundin von Gaston Flosse, der fünf Amtsperioden als Präsident Französisch-Polynesiens gedient hatte.

Einige Marquesaner könnten sich aufgrund des jahrhundertealten Misstrauens gegen Ausländer mit Arihano verbündet haben, erklärte mir Joseph Jaffé, ein in Französisch-Polynesien lebender deutscher Ethnologe, der während der Untersuchung als Heikes Dolmetscher auftrat. Ich traf ihn zu einem Interview auf Tahiti. Europäische Krankheiten hatten die Bevöl-

kerung der Marquesasinseln von geschätzten 80.000 im 18. Jahrhundert auf weniger als 2100 im frühen 20. Jahrhundert dezimiert. Zugleich hatten Missionare versucht, die Kultur der Insel auszulöschen: Religion, Tätowierung, Tanz, ja selbst die marquesische Sprache. Angesichts dieser kolonialen Wunden, so Jaffé, sei die Symbolhaftigkeit des marquesischen Kriegers, der die französischen Gendarmen an der Nase herumführt, einfach zu verlockend gewesen. »Für viele wurde er zu etwas wie einem Volkshelden, wie Robin Hood«, sagte einer der französisch-polynesischen Fremdenführer.

Doch die Gefühle waren gemischt. Das beliebte Marquesas-Kunstfestival, das alle vier Jahre die Wiederbelebung der indigenen Kultur zelebriert, sollte Anfang Dezember auf Nuku Hiva stattfinden. Dass dort ein vermeintlicher Kannibale frei herumlief, war nicht gerade der Stoff für Tourismusbroschüren. Die Menschen fühlten sich mit Arihano zwar »solidarisch«, sagte Deborah Kimitete, stellvertretende Bürgermeisterin von Taiohae, »aber es herrschte im Dorf doch ein ziemlicher Druck, dass er gefangen wird.«

Selbst Arihanos Vater hoffte auf eine rasche Festnahme – nicht weil er seinen Sohn für schuldig hielt, sondern weil er fürchtete, ein schießwütiger Soldat könnte seinen Jungen töten. Joseph Haiti sagte, er habe die Polizei zu überzeugen versucht, ihn auf eigene Faust mit Arihanos Hunden losziehen zu lassen; die Hunde würden die Witterung ihres Herrn aufnehmen. »Würdet ihr auf mich hören, müsstet ihr nicht so lange suchen«, sagte er. Die Soldaten hörten nicht auf ihn, und sie fanden Arihano nicht. Stattdessen stand er am Abend des 28. November nach sieben Wochen Flucht auf einmal bei seinem Vater vor der Tür. »Jetzt ist es genug«, sagte Arihano. Vater und Sohn knieten sich hin und beteten. Dann ging Joseph Haiti ins Haus und rief die Polizei.

Nach seiner Inhaftierung gab Arihano bereitwillig zu, Stefan getötet zu haben. Er nannte auch den Grund dafür, und der war für alle sehr überraschend: Er habe Stefan in Notwehr erschossen, nachdem er von dem Deutschen vergewaltigt worden sei.

Donatien Le Vaillant, der im Rahmen des französischen Rechts die Leitung der Untersuchung übernahm, beauftragte auf diese Aussage hin die Gutachter, Stefans Privatleben auf irgendeine Vorgeschichte von Homosexualität oder Gewaltverbrechen zu durchleuchten. Sie fanden nichts. Im April 2012 bestellte Le Vaillant Arihano, der auf Tahiti in Untersuchungshaft saß, und Heike, die nach Deutschland zurückgekehrt war, nach Nuku Hiva, um eine Rekonstruktion des

Verbrechens vorzunehmen. Und so geschah es, dass Heike nur sechs Monate nach dem Tod ihres Freundes in Begleitung der Anwälte, eines Dutzend Kommandosoldaten, Le Vaillants und Arihanos selbst noch einmal in den Urwald ging.

»Da ist dieser Typ, der Stefan getötet hat und auch mich töten wollte, und wir marschieren hier durch die Gegend«, dachte sie.

Bei der Rekonstruktion gab Arihano an, dass Stefan die Jagd unterbrochen habe, um sich einen kleinen Wasserfall anzusehen. Derweil habe Arihano ein rauchendes Feuer gegen die Stechmücken errichtet. Stefan sei zurückgekommen und habe ihm Alkohol gegeben, und Arihano sei leicht benebelt gewesen.

Für die Rekonstruktion schlüpften zwei Gendarmen in die Rollen von Stefan und Arihano, um nachzustellen, was nach Angaben des Marquesaners im Anschluss geschah, doch es war ihnen unmöglich, die von ihm beschriebenen Handlungsabläufe zu wiederholen.

Obwohl Stefan erheblich kleiner und leichter war, sei er irgendwie in der Lage gewesen, Arihano das Gewehr zu entreißen. Er habe Arihano mit einem Bein hoch an einen Baum gebunden – und zwar einhändig, ohne ein einziges Mal das Gewehr abzulegen. Dann habe Stefan den bewusstlosen Arihano vergewaltigt. Arihano sei wieder zu sich gekommen, habe sich befreit und das Gewehr gegriffen, das Stefan achtlos auf der Erde hatte liegen lassen. Aus Angst vor dem, was als Nächstes passieren könnte, habe Arihano Stefan erschossen, der zu Boden gestürzt und – praktischerweise – ins Lagerfeuer gerollt und verbrannt sei.

Was danach mit Heike geschah, so beteuerte Arihano weiter, habe mit Entführung oder Vergewaltigung nichts zu tun gehabt. Es sei einfach nur eine Fehlkommunikation gewesen. Aufgrund der Sprachbarriere habe er bloß schauspielerisch vermitteln wollen, was Stefan mit ihm gemacht hatte.

Heikes Anwältin, Marie Eftimie-Spitz, nennt Arihanos Darstellung »völlig unmöglich«; sogar

Arihanos Anwalt, Vincent Dubois, brachte seine Zweifel zum Ausdruck: »Ich weiß nicht, ob das, was er sagt, wirklich passiert ist.«

Ich flog nach Deutschland und traf Heike in München, um mir ihre Seite der Geschichte anzuhören – und sie berichtete nicht nur, was am Tag des Mordes geschehen war, sie erzählte von der ganzen vorangegangenen Reise. Über mehrere Tage hinweg, während wir in Cafés aßen, an der Isar spazieren gingen und uns in ihrer Wohnung auf dem Computer Reisefotos anschauten, erzählte sie mit leiser, meist ruhiger Stimme. Auf den Bildern, von denen einige kaum ein Jahr alt waren, war sie blond und schlank, und wirkte selbstsicher und glücklich. Die Frau dagegen, die ich in München antraf, war blass, verhärmt und hatte etwas Getriebenes. Das Nachgrübeln über den Mord an ihrem Freund fraß an ihrer Seele, aber sie konnte nicht damit aufhören.

Warum Arihano an seiner wenig plausiblen Vergewaltigungsdarstellung festhalte, könne sie verstehen, sagte Heike. Dadurch stehe er als Opfer und die Fremden als Feinde da – die uralte Geschichte, die von der Presse mit ihren Kannibalismus-Meldungen aufs Neue geschürt worden war. »Das ist seine Version, und das Dorf nimmt sie ihm ab«, so Heike. Sie selbst glaube kein Wort von der angeblichen Notwehr. Aber es sei nicht Hass oder der Wunsch nach Bestrafung, der sie so aufzehre, sagte sie. Sie wolle einfach nur die Wahrheit hören, aus Arihanos Mund. »Ich will diesen Kerl wiedersehen, ihm in die Augen schauen und fragen: Warum?«

TÖDLICHES GEHEIMNIS

Eines der wesentlichen Ziele meiner zweiten Reise nach Nuku Hiva war es gewesen, Arihanos Lebensgeschichte in Erfahrung zu bringen – Dinge, von denen Heike und Stefan bei ihrer ersten Begegnung mit ihm nichts wissen konnten. Nachdem Deane die Kontakte geknüpft hatte, sprachen wir mit seinen Freunden, Nachbarn, Arbeitskollegen und Jagdkumpanen. Wir sprachen mit seinem Vater, Joseph, und mit einer seiner Schwestern, Jessica. Arihano sei weder gewalttätig noch jähzornig, hieß es durch die Bank weg; niemals hätte er wegen einer Lappalie einen Touristen getötet. Eine Frau namens Nadine, die Arihanos Vorgesetzte war, als er bei einem jährlichen Festival als Securitymann jobbte, sagte, er sei beim Schlichten von Prügeleien immer ruhig geblieben und habe nie zurückgeschlagen, wenn er selbst getroffen wurde. Genauso verächtlich reagierten die Freunde auf die Vorstellung, er könnte Stefan im Zuge eines geplanten Raubmords getötet haben – Arihano habe so gut wie keine materiellen Wünsche gehabt. Eine frühere Freundin sagte, sie habe Arihano damals öfters ihre Kreditkarte überlassen, doch er habe sich geweigert, sie zu benutzen; wenn ihm andere Geld schuldeten, habe sie auf ihn einreden müssen, sein Geld zurückzufordern. »Wir sind sicher, da muss etwas vorgefallen sein. Vielleicht hat Stefan etwas falsch gemacht, denn Arihano ist ein guter Kerl«, sagte Deane.

Arihano hatte wohl eine gewisse Palette von Problemen, wie seine Freunde widerwillig zugaben. Er hatte sich immer schwer getan, Arbeit zu finden auf einer Insel mit hoher Arbeitslosigkeit. Auch seine Beziehungen liefen nicht rund. Das waren nun keine erschreckenden Enthüllungen, und dennoch hatten Timing und Eskalation seiner Probleme etwas Unheilvolles. 2010 folgte er seiner Freundin Hinarere Ruahe, mit der er seit fünf Jahren liiert war, nach Tahiti, wo sie eine Stelle als Krankenschwester angenommen hatte; er selbst fand aber keine feste Arbeit. Dann kam Ruahe dahinter, dass Arihano sie betrog, und im April 2011 trennte sie sich von ihm. In jenem Sommer also, nur wenige Monate vor der Tötung, war Arihano nach Nuku Hiva zurückgekehrt. Ruahe, die Arihano mehrmals als »Liebe seines Lebens« bezeichnet hatte, war nicht mehr da; ohne Arbeit und ohne ihre finanzielle Unterstützung blieb ihm nichts anderes übrig, als zu seinem Vater zurückzuziehen.

Die Heimkehr könnte besonders traumatisch für ihn gewesen sein. Ruahe sagte, Arihano habe geklagt, er sei als Junge von seinem Vater geschlagen worden. Eine andere Bekannte der Haitis bestätigte, dass die Gewalt in der Familie ausgeprägt gewesen sein soll. (Mir gegenüber stritt Joseph Haiti entschieden ab,

Arihano jemals geschlagen zu haben.) Der Vater könnte Arihanos Frustration darüber, dass er keine Arbeit hatte, auch noch verstärkt haben. Er war der marquesische Patriarch schlechthin – er hatte sieben Kinder und einen begehrten Job als Lkw-Fahrer für die Stadtregierung –, und Arihano hatte sich immer unter Druck gefühlt, die traditionellen Erwartungen an den erstgeborenen Sohn zu erfüllen. »Es war ihm wichtig, dem Vater zu zeigen, was er alles konnte«, sagt Ruahe.

Richter Le Vaillant lehnte meinen Antrag ab, Arihano im Gefängnis interviewen zu dürfen. Doch Ruahe, die mit Arihano Kontakt gehalten hatte, erklärte sich bereit, ihm eine Liste mit Fragen zu bringen. Seine Antworten waren knapp und gingen bezüglich des Verbrechens nicht ins Detail. Doch sie bestätigten noch einmal den Grundtenor – dass er sich trotz des vermeintlichen Inselparadieses niedergeschlagen und unfrei fühlte.

»Ich bin in meinem Leben nicht stolz gewesen; ich hatte immer nur Probleme«, soll er zu ihr gesagt haben. Nachhaltig bedauert habe er, dass seine Eltern ihm als Teenager verboten hatten, zum Militär zu gehen, was ihn »in Verzweiflung gestürzt hat, denn hier [auf Nuku Hiva] zu bleiben, hieß, keine gute Zukunft zu haben, und genau so war es auch.«

Insgesamt schien Arihanos Vergangenheit auf ominöse Weise auf die Tat hinzudeuten. Aber nichts von dem, was ich gehört hatte, gab Aufschluss darüber, wodurch die Tötung direkt ausgelöst worden sein konnte. Arihanos Bericht von seiner vermeintlichen Vergewaltigung rief bei Heike während der Rekonstruktion Unbehagen hervor. Sie hatte den Eindruck, dass er in Bezug auf Stefan zwar eindeutig log, die Geschichte aber nicht völlig an den Haaren herbeigezogen war. Für sie klang Arihanos Schilderung von Sex unter Männern authentisch, als hätte er damit einschlägige Erfahrungen.

Als Heike und Stefan auf Nuku Hiva waren, schauten sie stundenlang finster blickenden, kräftigen Männern in Reihen zu, die Schreie ausstießen, auf

Trommeln schlugen und die Enthauptung von Feinden pantomimisch darstellten. Die Insulaner probten für eines ihrer traditionellen Volksfeste, doch auch abseits dieser Tänze betonten die hiesigen Männer ihre Männlichkeit, fuhren Lkws, gingen jagen und fischen, galoppierten mit Pferden den Strand entlang. Auch der Beiname ihrer Insel huldigte dem Kriegererbe des Archipels und stellte die anhaltende Verehrung für Körperkraft unter Beweis: *Te Henua Enana*, Land der Männer.

Der massige, tätowierte Arihano passte zweifellos ins Bild des modernen Kriegers, des *toa,* und Kerle wie er, hieß es, hätten auf keinen Fall etwas mit anderen Männern. Ich fragte Deane, ob sein Freund bisexuell sei. Mein Dolmetscher lächelte und sagte: »Nein.« Auch Ruahe sagte nein. Arihanos Vater belächelte die Frage. »Nein«, sagte Joseph Haiti. »Wie kann er mit Männern ins Bett gehen, wenn ständig eine Frau vor der Tür steht und sagt: ›Dieses Baby ist von dir‹?«

Doch Sexualität auf Nuku Hiva ist – wie überall – kompliziert. Die Insel hat eine kleine Gemeinschaft von *rae rae* – Männern, die wie Frauen leben, und zusammen mit Deane besuchte ich einen davon namens Romeo. Es lebten vielleicht 25 offen schwule Männer auf der Insel, erklärte Romeo, und noch viel mehr heimlich Schwule und Bisexuelle. Doch dass Arihano dazugehöre, glaubte er nicht. Ich unterhielt mich noch ein wenig mit ihm, und da ich das Gefühl hatte, nicht weiterzukommen, beschloss ich aufzubrechen. Da räusperte sich Romeo. »Sie sollten vielleicht mit meinen Freunden reden«, sagte er und nannte mir die Namen von zwei weiteren *rae rae* auf der Insel. »Gerade vor ein paar Wochen war ein Gendarm aus Tahiti hier und wollte wissen, warum Arihano ihre Nummern in seinem Telefon gespeichert hatte.«

Einer dieser beiden Freunde war tatsächlich ein *rae rae*, nennen wir ihn Teiki. Als Deane und ich ihn gefunden hatten, gab er offen zu, Arihano angerufen zu haben. Als ich nach dem Grund fragte, erwiderte er unverblümt: »Weil ich Sex mit ihm haben wollte.« Drei andere *rae rae* sagten, in ihren Kreisen sei bekannt gewesen, dass Arihano gelegentlich mit Männern auf der Insel schlief, mit Teiki und mindestens noch jemandem. Doch jenseits der *rae rae* hatte Arihano seine Bisexualität komplett verheimlicht. Sie war unvereinbar mit seinem Selbstbild des Machos, und Arihanos Vater als konservatives Kirchenmitglied hätte mit Sicherheit wenig davon gehalten. Oder wie eine Bekannte der Familie sagte: »Arihano hätte niemals gegenüber der Polizei oder seinem Vater zugeben können, dass er gern mit Männern ins Bett ging.«

Gut möglich, dass Sex bei dem Verbrechen eine Rolle spielte, aber wie genau, war mir unklar. Nach meiner Rückkehr in die USA trug ich die Fakten des Falles und Arihanos biografische Details zusammen und schickte sie vier bekannten forensischen Psychologen, die sich auf Mord spezialisiert hatten. Von Arihanos eigenen Angaben abgesehen führte ich keine möglichen Motive auf, stattdessen fragte ich die Fachleute, ob sie irgendwelche Theorien hätten. Einer wollte gar nicht spekulieren. Die anderen drei jedoch – Louis Schlesinger vom John Jay College of Criminal Justice in New York, J. Reid Meloy von der University of California, San Diego, und Duncan Cartwright von der University of KwaZulu-Natal in Südafrika – kamen alle unabhängig voneinander zu demselben, höchst wahrscheinlichen Schluss.

Zunächst einmal glaubte keiner von ihnen, dass Arihano die Wahrheit sagte. Ein Mann, der in Notwehr getötet hatte, hätte sich wohl eher an die Polizei gewandt, als dass er geflüchtet wäre. Sie verwarfen auch die meisten Standarderklärungen für Tötungsdelikte: Die Verteidigung hatte nicht ins Feld geführt, dass Arihano psychisch gestört oder in irgendeiner Form geisteskrank sei. Er hatte keine Vorgeschichte impulsiver Gewalttätigkeit, also war es kaum denkbar, dass die Tötung von einem Streit herrührte. Nichts deutete auf ein geplantes Verbrechen hin wie beim Raubmord. Und da sich Stefan und Arihano gerade erst kennengelernt hatten, passte der Fall auch nicht in das häufigste Handlungsmuster eines Mörders, der ein jahrelanges und zunehmend feindseliges Verhältnis zu seinem Opfer hat.

Was die Fachleute im Zusammenhang mit Stefans Tod jedoch feststellten, waren die klassischen Anzeichen einer sogenannten affektiven oder akuten kathathymen Tötung. In einem solchen Fall wird der Täter durch einen plötzlichen, intensiven Gefühlsausbruch zum Töten getrieben.

»In der Interaktion zwischen Opfer und Täter ist irgendetwas, das den Täter psychologisch durchdringt und auf ein unterschwelliges Gefühl der Unzulänglichkeit zugreift«, erklärte Schlesinger. »Der Konflikt geht ans Innerste der Persönlichkeit des Mörders und damit an die Probleme, mit denen er seit Jahren insgeheim kämpft.« Der häufigste Auslöser für kathathyme Tötungsdelikte wie dieses sei »ein akutes, plötzliches Gefühl der sexuellen Erniedrigung«.

Arihanos Aussage nach hatten er und Stefan die Jagd unterbrochen und am Wasserfall Halt gemacht. Dazu hatte Heike geäußert, dass Stefan selten eine Gelegenheit ausließ zu baden, und zwar typischerweise nackt. Die forensischen Psychologen stellten die Vermutung auf, dass Arihano Stefans mögliche Nacktheit, oder etwas anderes, das er getan oder gesagt hatte, als Flirtversuch missdeutet haben könnte. Die Annahme wäre seinerseits nicht vollkommen abwegig gewesen.

Gegenüber der Utopie der freien Liebe, auf die die Europäer im 18. Jahrhundert gestoßen zu sein glaubten, sind heute paradoxerweise nicht wenige Marquesaner überzeugt, dass es *die Ausländer* seien, die lüstern und promiskuitiv sind – eine Vorstellung, die genährt wird durch die Handvoll Sextouristen, die jedes Jahr auf der Insel auftaucht.

Die Amerikanerin Wynne Hedlesky bereiste nur wenige Monate vor Stefans Tod Nuku Hiva und berichtete, dass sie und ihr Mann das aggressive

sexuelle Angebot eines Einheimischen hatten abwehren müssen. Die unaufgeforderte Aufmerksamkeit des Mannes ergab einen Sinn, als Hedlesky noch einmal über den Vorfall nachdachte. Inselbevölkerungen sind klein (auf Nuku Hiva leben 2966 Menschen) und die Männer sind knapp in der Überzahl, was die Partnersuche erschwert. »Wer in einer kleinen Gemeinde wie dieser Single und verzweifelt ist, dem erscheinen die Ausländer als ideales Ziel«, sagt Hedlesky. »Was hat man zu verlieren bei einem Fremden, der die Insel in ein paar Tagen ohnehin wieder verlässt?«

Sollte Arihano diese Einstellung geteilt haben, könnte er einen Annäherungsversuch gemacht oder Stefan ein sexuelles Angebot unterbreitet haben – und war womöglich zurückgewiesen worden. »Eingedenk seiner Homosexualität hätte jede Form von Zurückweisung in dieser Situation große Verärgerung und Scham in Arihano ausgelöst«, so Cartwright. Überwältigt von diesen Gefühlen, so die Theorie, hatte Arihano Stefan getötet.

Mord mag als eine unverhältnismäßige Reaktion auf einen Korb erscheinen, doch die Fachleute betonen, dass sexuell bedingte Scham zu den stärksten Auslösern von Gewalt zählt. Scham, die Arihano vielleicht empfunden hatte – wie man annehmen kann, da er seine Bisexualität verheimlichte –, liegt der Theorie vom kathathymen Tötungsdelikt zugrunde. Scham erklärt auch, was den mörderischen Zorn hervorrief. Sie könnte auch ein Grund dafür sein, dass Arihano Heike danach sexuell belästigte – nämlich, um seine heterosexuelle Männlichkeit wieder geltend zu machen und »seine Zurückweisung durch Stefan zu rächen«, sagt Meloy. Scham könnte zudem erklären, weshalb Arihano zu seiner Verteidigung Sex ins Spiel brachte anstatt irgendetwas Plausibleres – aus Angst, dass die Wahrheit ans Licht kommen könnte, dachte er sich die gegensätzlichste Geschichte aus, die nur möglich war, so Schlesinger.

Die Neigung zur Scham ist obendrein wenig überraschend im Anbetracht von Arihanos Kindheit. »Es ist häufig der Fall, dass Männer mit einer Vorgeschichte als Opfer von Gewalt sehr anfällig für Scham sind«, so Cartwright. Die jüngsten Ereignisse in Arihanos Leben, etwa, arbeitslos zu sein und wieder zu Hause wohnen zu müssen, mögen sein Gefühl der Unzulänglichkeit verstärkt haben. Die Trennung von Ruahe nur wenige Monate vor dem Verbrechen »könnten ihn für weitere sexuelle Zurückweisungen sensibilisiert haben«, sagt Meloy.

Nachdem ich von den forensischen Psychologen Antwort erhalten hatte, telefonierte ich mit Heikes Anwältin, Marie Eftimie-Spitz. Sie war sich immer im Unklaren gewesen, was die Tat ausgelöst hatte, und als ich ihr die Theorie von der katathymen Tötung unterbreitete, platzte sie heraus: »Das ist es! Ich bin sicher, dass es genau so war.« Sie versprach, Arihano beim Prozess mit diesem neuen möglichen Motiv zu konfrontieren. Die Fachleute unterdessen mahnten zur Besonnenheit, sie hätten lediglich eine Theorie in den Raum gestellt – die nicht nachgewiesen sei, wenn auch weitaus wahrscheinlicher als jede andere Möglichkeit. »Es klingt glaubhaft«, sagte Schlesinger. »Diese plötzlichen Morde, bei denen das Opfer einfach eliminiert oder zerstört wird, haben meist einen sexuellen Hintergrund.«

Heike sah Arihano zum letzten Mal im April 2012. Es war kurz nach der Rekonstruktion, und die beiden waren zu einer Befragung vor Richter Le Vaillant am Gericht von Tahiti zitiert worden. Als ihr Le Vaillant die Gelegenheit dazu einräumte, sprach Heike Arihano an. Hat Stefan noch irgendetwas gesagt, bevor du ihn getötet hast?

Was sie hören wollte, war: »Stefan sagte, dass er dich liebt.« Doch Arihano erwiderte nur, Stefan sei stumm geblieben. Er habe gemerkt, dass Stefan in Todesangst war, weil er eine kleine Ader an seinem Hals hatte pulsieren sehen. Dieses intime Detail ließ Heike erschaudern; sie kannte die Stelle, die tatsächlich immer dann zu pochen begann, wenn Stefan nervös war. »Das heißt, bevor Arihano ihn erschoss, war er nah genug dran, um die Stelle zu sehen, und er hatte sich ein paar Sekunden Zeit gelassen, bevor er feuerte«, sagte Heike.

Auf mehr als dieses halbe Geständnis würde Heike wohl nicht hoffen dürfen. Arihano würde niemals verraten, ob er einen Annäherungsversuch bei Stefan gemacht hatte, doch im Prinzip hatte er zugegeben, dass der Schuss kein Unfall war. Scham, dadurch entstanden, dass man sein wahres Ich verbirgt, ist wirksam genug, um einen Mord zu provozieren – und kann dazu führen, dass man sein Leben lang den wahren Grund dafür verheimlicht. »Ich glaube nicht, dass er jemals die Wahrheit sagen wird, denn dann könnte er nie wieder auf Nuku Hiva leben«, sagt Heike.

Arihano entschuldigte sich nicht direkt bei Heike. Doch während die Sitzung in Le Vaillants Gerichtssaal abgewickelt wurde, sei der Hass, den sie in jener schrecklichen Nacht in seinen Augen sah, verschwunden; Schmerz und Reue waren an dessen Stelle getreten. Arihano stand auf und wurde von einem Gendarm aus dem Saal geführt, und Heike blieb zurück, den Blick auf die hinter ihm geschlossene Tür gerichtet.

EPILOG

Reisen kann selbst für Menschen, die mit den besten Absichten den kulturellen Austausch suchen, etwas Trügerisches haben. Besucher glauben, ein Paradies zu finden, und sehen deshalb nichts anderes. Heike selbst ist das klar geworden – wenn auch erst, nachdem sie Stefan und jenes Leben, das das Paar noch Jahrzehnte weiterzuführen hoffte, verloren hatte. Nach dem Verbrechen kehrte Heike nach Deutschland zurück und schrieb ein Buch, *Blauwasserleben*, das von ihrer Segelfahrt und dem tragischen Ende handelt; National Geographic veröffentlichte einen Bildband mit Fotos von der Reise. Als ich sie zuletzt sprach, lebte Heike in ihrem Heimatort Würzburg und arbeitete bei einer Organisation für Auslandstagungen. Erschöpft nannte sie den Job »den Anfang eines neuen Lebens«, doch die Sesshaftigkeit fiel ihr nach wie vor schwer. »Es ist schon seltsam, jeden Tag acht Stunden im Büro zu sitzen, während draußen das Leben vorbeizieht«, sagte sie.

Noch immer liebte Heike das Reisen, und im Dezember 2013 verbrachte sie mehrere Wochen in Südafrika, um das Land zu erkunden. Ihre Reisephilosophie war die gleiche geblieben, und sich nur in Gesellschaft anderer Touristen zu bewegen klang für sie genauso wenig erfüllend wie vor ihrer Begegnung mit Arihano. »Wenn ich irgendwo bin, unterhalte ich mich immer noch mit fremden Menschen«, sagte sie. Doch ihr Glaube an das, was sie erfahren kann, war nicht mehr ganz so groß; die Mauer zwischen Reisenden und Einheimischen wird man zwar ein wenig abtragen, aber wohl niemals ganz einreißen können. »Man denkt, man kennt einen Ort, wenn man ihn so lange bereist hat, aber in Wirklichkeit hat man keine Ahnung, was los ist«, sagte Heike.

Im Mai 2014 kam Arihanos Fall vor den Richter. Der Ankläger, dessen Ermittlungsbeamte meinen Bericht von Arihanos heimlicher Bisexualität bestätigt hatten, beschuldigte Arihano, Stefan vergewaltigt – oder ihm zumindest unerwünschte Avancen gemacht – und anschließend aus Scham getötet zu haben. Der Richter befand ihn für schuldig und verurteilte ihn zu 28 Jahren Gefängnis. Doch Arihano wich nie von seiner Behauptung ab, er habe Stefan Ramin nur getötet, weil er von ihm vergewaltigt worden sei. »So war es«, sagte er am Ende der Verhandlung gegenüber dem Gericht. Er entschuldigte sich bei Stefans Eltern, sagte aber, er werde in Nuutania, dem Gefängnis, in dem er sitzt, keine Trauer zeigen: »In Nuutania dürfen wir nicht weinen.«

JAMES VLAHOS, geboren 1970, schreibt als Reporter und Journalist regelmäßig für das New York Times Magazine sowie die Magazine GQ und The Atlantic. Er lebt in der kalifornischen Küstenstadt El Cerrito. **HEIKE DORSCH** lebt nach wie vor in Würzburg, wo sie in der Zwischenzeit eine Coaching-Agentur gegründet hat.
www.heike-dorsch.de

DIE BILDER

S. 6	Heike und Stefan am Tag ihrer Ankunft auf Nuku Hiva. Im Hintergrund: die *Baju.*
S. 10	Im Norden von Hiva Ova, einer weiteren Marquesasinsel, schart sich eine Gruppe Kinder um den deutschen Abenteurer.
S. 14/15	Die Hakatea-Bucht, der letzte Ankerplatz von Heike und Stefan.
S. 18	Am Tag vor seiner Tat schenkt Arihano Haiti den beiden Reisenden Pampelmusen.
S. 28	April 2012: Kurz vor der Rekonstruktion der Tat landen französische Ermittler mit Arihano in der Hakatea-Bucht.
S. 35	Die schmale, üppig bewachsene Schlucht, in der Arihano Stefan ermordete.
S. 36, 40	Regenschutz und Essensreste: Arihano gab sich auf seiner Flucht kaum Mühe, seine Spuren zu verwischen.

S. 38 Einheimische Jäger auf einer Nachbarinsel von Nuku Hiva.

S. 43 Die Hütte, von der aus Heike und Stefan ihre letzte gemeinsame Wanderung unternahmen.

S. 46 Die Feuerstelle, an der Arihano Stefans Leiche verbrannte.

S. 48 Einheimische Männer proben für das Marquesas-Kunstfestival, das alle vier Jahre auf den Inseln gefeiert wird.

S. 60 An einer Wasserstelle wie dieser kam es höchstwahrscheinlich zum tödlichen Missverständnis zwischen Arihano und Stefan.

SPURLOS VERSCHWUNDEN

Es ist eines der größten Rätsel der Luftfahrtgeschichte: das Verschwinden des Passagierjets MH370 über dem Indischen Ozean. Forscher aus aller Welt suchten das Wrack. Doch die Hoffnung der Hinterbliebenen gilt nicht mehr ihnen, sondern einem Amerikaner, der Indiana Jones verehrt und seinem Instinkt folgt, statt dem Rat von Experten.

DER HECKMOTOR LEIERT, DER FAHRTWIND KÜHLT DIE AFRIKANISCHE HITZE RUNTER. BLAINE GIBSON IST UNTERWEGS AUF EINER REISE GEGEN ALLE WAHRSCHEINLICHKEIT.

Originalausgabe | April 2017

Hardcover | Format: 10,3 x 15 cm
88 Seiten

ISBN 978-3-7701-6973-3
[D] € 8,– | [A] € 9,– | sfr 12,50

TRUE TALES
DUMONT

Blauer Himmel, ein Meter Neuschnee. Für die professionelle Freeskierin Elyse Saugstadt und ihre Gruppe aus 15 erfahrenen Skifahrern und Snowboardern ist dieser Februarmorgen am Tunnel Creek ein wahr gewordener Traum. Doch innerhalb von Sekunden verwandelt sich der Hang in eine rasende Falle aus Schnee, die kein Erbarmen kennt.

ES WAR WIE IN EINER MONSTERWELLE. ABER SCHNEE ZIEHT SICH NICHT ZURÜCK. ER VERSCHLINGT SEINE OPFER UND SPUCKT SIE NICHT WIEDER AUS.

Aus dem Englischen von
Werner Löcher-Lawrence
Deutsche Erstausgabe | April 2017

Hardcover | Format: 10,3 x 15 cm | 120 Seiten

ISBN 978-3-7701-6974-0
[D] € 8,– | [A] € 9,– | sfr 12,50

TRUE TALES
DUMONT

Mitten in der Nacht auf dem Nordatlantik: Durch eine unbedachte Bewegung stürzt John Aldridge über Bord seines Fangboots »Anna Mary«. Ohne Zeugen, ohne Schwimmweste oder Notsignal beginnt für den Fischer ein Albtraum, aus dem es kein Entrinnen zu geben scheint.

ALLEIN IM WASSER VERSUCHTE ER, SEINE STÄRKE ZU NUTZEN, UM DIE ANGST IN DEN GRIFF ZU BEKOMMEN. KEINE NEGATIVEN GEDANKEN, SAGTE ER ZU SICH SELBST. BLEIB POSITIV. BLEIB STARK …

Aus dem Englischen von
Werner Löcher-Lawrence
Deutsche Erstausgabe | April 2017

Hardcover | Format: 10,3 x 15 cm | 80 Seiten

ISBN 978-3-7701-6971-9
[D] € 8,– | [A] € 9,– | sfr 12,50

TRUE TALES
DUMONT

WER BREMST, STIRBT

Eine 2000 Kilometer lange Reise über den indischen Subkontinent, mit dem Lastwagen, mitten hinein in ein Universum, in dem Karma wichtiger ist als intakte Bremsen und in dem Millimeter über Leben und Tod entscheiden. Kann man Indien verstehen? Michael Obert ist bereit, alles dafür zu riskieren.

JETZT. AUGEN ZU. DIE DRUCKWELLE. DANN EIN KNALL. ICH REISSE DIE AUGEN AUF. SCHWARZ. NEIN, NICHT DAS JENSEITS. NUR DER NATIONAL HIGHWAY 6, IRGENDWO IN WEST-BENGALEN.

Originalausgabe | April 2017
Hardcover | Format: 10,3 x 15 cm
80 Seiten
ISBN 978-3-7701-6970-2
[D] € 8,- | [A] € 9,- | sfr 12,50

TRUE TALES
DUMONT

TRUE TALES

DUMONT

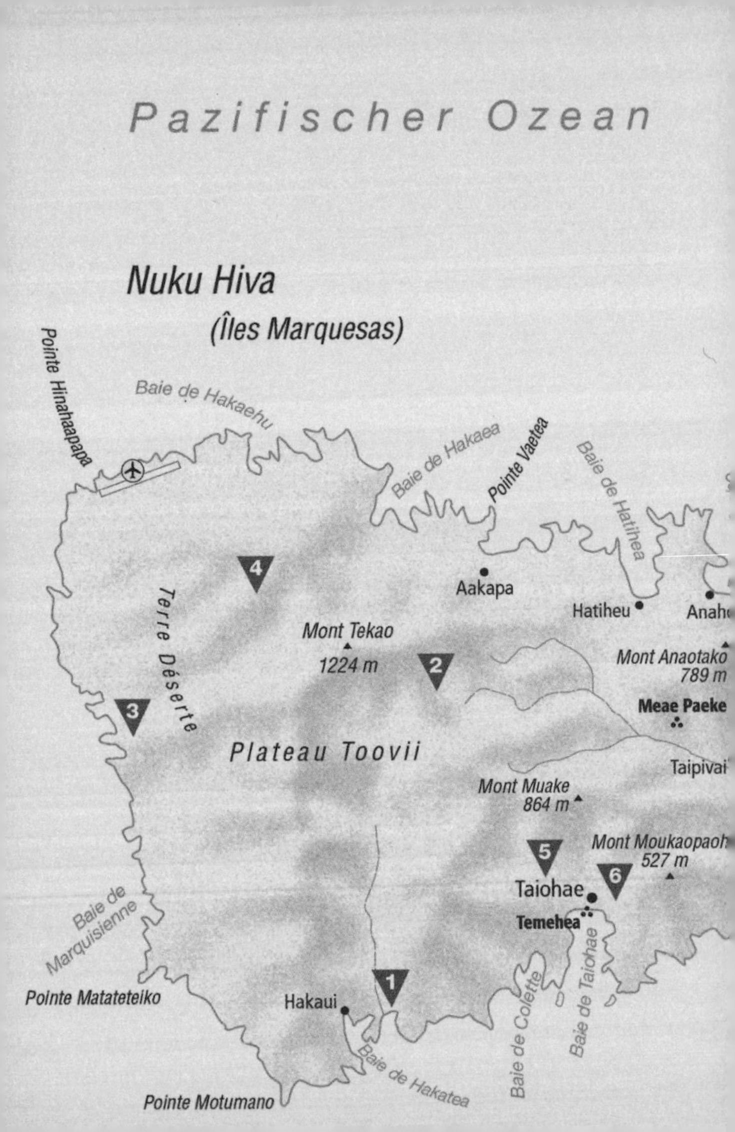

Pazifischer Ozean
Nuku Hiva
(Îles Marquesas)
Pointe Hinahaapapa
Baie de Hakaehu
Baie de Hakaea
Pointe Vaetea
Baie de Hatihea
Aakapa
Hatiheu
Terre Déserte
Mont Tekao
1224 m
Mont Anaotako
789 m
Meae Paeke
Plateau Toovii
Taipivai
Mont Muake
864 m
Mont Moukaopaoh
527 m
Taiohae
Temehea
Baie de Marquisienne
Pointe Matateteiko
Hakaui
Baie de Colette
Baie de Taiohae
Baie de Hakatea
Pointe Motumano
1
2
3
4
5
6